SUCCESVOL DELEGEREN

- **Probleem?** Hoe kunt u effectief taken en verantwoordelijkheden aan werknemers toewijzen?

- **Waarom is het nuttig?** Het delegeren van taken aan collega's bespaart niet alleen tijd in een project, maar motiveert en voedt ook hun talenten om het project alle kans van slagen te geven.

- **Professionele context?** Projectbeheer, teambeheer, enz.

- **FAQ?**

  - Ik voel me niet overweldigd, moet ik nog steeds delegeren?

  - Wanneer is het juiste moment om te delegeren?

  - Als ik delegeer, geef ik dan een deel van het project op?

  - Kan ik mijn team allerlei opdrachten geven?

  - Als de taak eenmaal is gedelegeerd, moet ik hem dan nog steeds doen?

  - Welke hulpmiddelen kunnen mij helpen mijn delegatie te organiseren?

  - Wat zijn de risico's van delegatie?

  - Hoe kan ik er zeker van zijn dat mijn werknemer deze opdracht positief opneemt?

  - Kan een delegatie tijdens het project worden ingetrokken?

  - Moet ik mijn delegatie schriftelijk formaliseren?

Voor velen betekent delegeren "de controle verliezen". Uit angst om anderen van streek te maken, uit gebrek aan vertrouwen of gewoon om ervoor te zorgen dat een project volgens hun verwachtingen en voorwaarden wordt uitgevoerd, proberen zij de taak alleen uit te voeren. Maar in dit geval is het gevaar dat men overweldigd wordt door het aantal te vervullen taken en het doel niet bereikt, of zelfs een burn-out krijgt, nooit ver weg.

Om dit soort situaties te voorkomen, beheerst een goede projectmanager de kunst van het effectief delegeren. Inderdaad, zijn rol is niet om controle te houden over elk onderdeel van het project, maar om het geheel te orkestreren! Door een maximaal aantal taken aan anderen toe te vertrouwen, kan hij overbelasting en stress vermijden die schadelijk kunnen zijn voor het welslagen van het project, en zich concentreren op de belangrijkste acties. Bovendien zal het de leden van het team een zeker vertrouwen geven. Ze zullen zich betrokken voelen, wat hen zal motiveren en waardoor ze zich gewaardeerd voelen. Iedereen wint!

Maar delegeren is geen beslissing die ondoordacht moet worden genomen en mag niet overhaast gebeuren met het risico dat het project wordt geschaad en dat u de ervaring niet herhaalt. Wees niet bang om op uw collega's te vertrouwen en ontdek welke regels u moet volgen en welk gedrag u ten opzichte van uw collega's moet respecteren om zonder angst te delegeren en uw project tot een goed einde te brengen.

DE GRONDBEGINSELEN VAN EFFECTIEF DELEGEREN

WAT IS DELEGEREN?

Verantwoordelijkheid doorgeven

Het eerste wat moet worden vermeden is delegatie te verwarren met taakverdeling, aangezien deze twee benaderingen zeer verschillend zijn. Delegeren is het geven van een of meer taken (of doelstellingen, want daaruit volgen de acties) aan een of meer werknemers en hen verantwoordelijk maken. Het gaat er niet om een project op te geven, de controle erover te verliezen, het te decentraliseren of zelfs de macht te verliezen, maar de uitvoering ervan te delen ten behoeve van een beter eindresultaat.

Het begrip verantwoordelijkheid is hier essentieel. Wanneer een werknemer een opdracht krijgt, moet hij of zij een zekere vrijheid hebben om beslissingen te nemen. Hij of zij moet kunnen doen wat hij of zij wil om het gestelde doel te bereiken. Indien hij of zij deze beslissingsbevoegdheid niet heeft, is er geen sprake van delegatie, maar gewoon van het doorgeven van een bevel aan een ondergeschikte. Maar zelfs als uw werknemer verantwoordelijk is voor het bereiken van zijn of haar doel, blijft u garant staan voor de activiteiten en beslissingen van de werknemer aan wie u de taak hebt gedelegeerd. Daarom moet u volledig vertrouwen hebben in de persoon die u hebt geselecteerd en moet u zorgen voor een zekere mate van follow-up om ervoor te zorgen dat de doelstellingen worden bereikt.

 ## TIJDELIJKE OF PERMANENTE DELEGATIE?

- Tijdelijke delegatie is de meest voorkomende vorm. Het is gebruikelijk dat een ondergeschikte de voor beslissingen verantwoordelijke lijnmanager vervangt tijdens diens afwezigheid of dat een beroep wordt gedaan op zijn/haar vaardigheden. In dit geval worden de begrippen beslissingen en gezag losgekoppeld: de ondergeschikte neemt de beslissingen tijdens de delegatieperiode, maar is niet verantwoordelijk voor de gevolgen.

- Permanente delegatie is het verlenen van langdurige beslissingsbevoegdheid voor bepaalde vooraf bepaalde situaties. De begrippen beslissing en verantwoordelijkheid zijn met elkaar verbonden; de werknemer moet dus de consequenties van zijn daden aanvaarden. In dat geval is het raadzaam te voorzien in een wijziging van de arbeidsovereenkomst van de werknemer.

Managementstijlen

Het is het type management dat het delegeren binnen het bedrijf beïnvloedt en vergemakkelijkt. Het kan:

- **richtlijn.** Deze managementstijl is zeer gestructureerd. De instructies en richtlijnen zijn nauwkeurig. De werknemer heeft over het algemeen geen echte beslissingsbevoegdheid, wat niet erg motiverend is. Het gaat niet om delegatie als zodanig, maar om het geven van opdrachten voor een uit te voeren taak;

- **verklarend.** Het wordt georganiseerd met het oog op mobilisatie. De instructies en richtsnoeren zijn nauwkeurig en gaan vergezeld van uitleg en motivering van de genomen besluiten. Het niveau van autonomie van het personeel is laag, dat wat het projectontwikkelingsproces kan vertragen;

- **participatief.** Deze stijl is relatiegericht. Hoewel het enigszins ongeorganiseerd lijkt, is het relatief effectief. Beslissingen worden genomen in overleg met de werknemers, wat hen motiveert en hen aanmoedigt zich in te zetten voor het project;

- **"delegatief" management.** Dit type management, gebaseerd op het vertrouwen dat de leidinggevende in zijn of haar werknemers stelt, is gebaseerd op verantwoordelijkheid, autonomie, initiatief en besluitvorming. Teamleden voelen zich gewaardeerd en geïnvesteerd in het project.

Elke managementstijl heeft zijn sterke en zwakke punten. De kunst van de goede teamleider is om van de ene stijl op de andere over te schakelen, afhankelijk van de persoon tot wie hij of zij zich richt en van de situatie. Het is duidelijk de "delegatieve" stijl die het delegeren tussen een manager en zijn of haar team het beste bevordert.

De wet van de arbeidsverdeling

Veel managers hebben het vertrouwen in delegatie verloren en vinden duizend excuses om het niet te gebruiken: "Het is te veel verantwoordelijkheid voor de werknemers", "De taak zal niet goed worden uitgevoerd", "Het zou te lang duren om alles uit te leggen". Daarbij vergeten ze snel een klein maar belangrijk detail: delegeren is in overeenstemming met de wet van de arbeidsverdeling. Getheoretiseerd door Adam Smith (de Britse econoom van de Verlichting, 1723-1790), bestaat deze erin één enkele complexe taak op te splitsen in meerdere, die vervolgens door verschillende professionals worden uitgevoerd. Logischerwijs zal iemand die zich op een specifieke taak concentreert efficiënter zijn dan iemand die meerdere taken probeert te beheren. Op die manier verhoogt delegatie, via de arbeidsverdeling, de productiviteit. Het zou zonde zijn om hier geen gebruik van te maken!

Wat zijn de echte voordelen?

Een projectmanager is geen superman, hij kan niet alles tegelijk doen, met het risico dat hij zich niet concentreert op de belangrijke taken en dat hij fouten maakt. Weten hoe je moet delegeren is dus een echte vaardigheid die je moet verwerven om je tijd optimaal te beheren en te voorkomen dat je overbelast of zelfs overweldigd raakt. Door taken toe te vertrouwen aan werknemers kan de manager zich wijden aan taken die specifiek zijn voor zijn functie. Daartoe moet u aanvaarden dat u in het begin wat tijd verliest om op lange termijn tijd te winnen. Deze managementstrategie wordt vaak aanbevolen als onderdeel van de preventie van burn-out.

Delegatie wordt ook en vooral aanbevolen als onderdeel van een algemene strategie voor teambeheer om de prestaties van het team te ontwikkelen, de vaardigheden en ervaring van elk lid te benutten en hen te mobiliseren om hen beter te motiveren. Een missie toevertrouwen en werknemers verantwoordelijk maken voor het bereiken van een doel is inderdaad zeer lonend. Zij zullen zich nuttig voelen voor het bedrijf en doordat zij zich bewust worden van het belang van hun rol in de ontwikkeling van het bedrijf, zullen zij nog meer betrokken raken bij hun missie. Ten slotte, door bepaalde taken te delegeren aan competente mensen, waarborgt u de kwaliteit van het werk en stelt u hen in staat hun vaardigheden te ontwikkelen. Ten slotte is het doel van delegatie om samen te slagen.

# DE REMMEN

De weerstand tegen deze aanpak kan veelvoudig zijn:

- een gebrek aan vertrouwen in zichzelf of in zijn collega's;

- gebrek aan tijd om te bepalen welke doelstellingen moeten worden gedelegeerd en aan wie;

- een gebrek aan vaardigheden binnen het team;

- een gebrek aan expertise in delegatie;

- angst om de macht te verliezen;

- de angst om jaloezie binnen het team te creëren.

Deze obstakels zijn vicieuze cirkels. Om ze te doorbreken is er maar één oplossing: leer de regels voor effectief delegeren.

VOORBEREIDING VAN DE DELEGATIE

Het is belangrijk dat u niet wacht tot u overweldigd bent voordat u een deel van uw werk aan iemand anders overdraagt, want dat vereist een goede voorbereiding vooraf. Zoals bij elke beslissing zijn de vragen "Wat? Wie? Hoe? Waarom?

De taken bepalen

Voordat u halsoverkop alles gaat delegeren, begint u met het selecteren van de taken die u alleen kunt uitvoeren op basis van uw werklast en vaardigheden. Analyseer dan de anderen en sorteer ze in diegenen die:

- gemakkelijk door iemand anders kunnen worden gedaan (routinetaken met weinig impact op de rest van het project);

- een bepaalde vaardigheid vereisen;

- kan worden uitbesteed aan een externe partij.

Zorg ervoor dat u niet alleen de moeilijke taken delegeert, maar ook enkele van de meer dankbare, anders loopt u het risico uw werknemer te demotiveren. Ten slotte kunt u natuurlijk geen taken delegeren die onder de verantwoordelijkheid van de manager vallen, zoals conflictoplossing, discipline, enz.

De juiste werknemer kiezen

De volgende stap is het kiezen van de afgevaardigde. Het is zeer belangrijk om de juiste persoon te selecteren om deze taak efficiënt uit te voeren. Het zou onproductief zijn om de creatie van de website van het bedrijf toe te vertrouwen aan een beginneling op computergebied, zelfs als u hem een plezier wilt doen.

Het doel hiervan is de vaardigheden van uw werknemers, hun potentieel, hun huidige werklast, hun motivatie en hun carrièreplannen te leren kennen om uw delegatie zo te organiseren dat de hele groep er voordeel uit haalt en het beste van zichzelf geeft. Deze aanpak maakt deel uit van een teambenadering: het gaat er niet alleen om tijd te besparen, maar ook om in de huid van uw werknemers te kruipen om hen te helpen vooruitgang te boeken en samen te slagen.

Begin met een lijst van taken die u wilt delegeren en analyseer vervolgens het profiel van uw collega's. Gebruik daarvoor een vaardighedenmatrix. Zo krijgt u een overzicht van de technische en menselijke middelen van uw werknemers en kunt u de uitvoering van een taak afstemmen op een bepaald profiel.

Voor een project dat bijvoorbeeld de uitvoering van een nieuwe reclamecampagne omvat, moet u ervoor zorgen dat de geselecteerde persoon beschikt over communicatie- en marketingvaardigheden en over een boek met voor de opdracht relevante reclamecontacten. Zodra de persoon is gekozen, zorg ervoor dat hij of zij de tijd heeft om aan de opdracht te besteden en bereid is zich voor het project in te zetten.

Doelstellingen bepalen

Voordat u er zelfs maar aan denkt de gelukkige persoon van uw beslissing op de hoogte te brengen, moet u de missie en de te bereiken doelstellingen duidelijk omschrijven om het op te zetten actieplan te vergemakkelijken. De S. M. A. R. T. E methode is hiervoor zeer nuttig.

- **S = Specifiek**. Wat is precies de missie?

- **M = Meetbaar**. Hoe zal ik de bereikte resultaten meten? Hoe kan ik zeggen dat het resultaat is bereikt?

- **A = Ambitie**. Waarom is het belangrijk deze taak en dit doel te bereiken? Dit gaat over het definiëren van de drijvende kracht van motivatie!

- **R = Realistisch**. Is de missie haalbaar? Welke middelen zal ik mijn medewerker ter beschikking stellen om hem of haar succesvol te maken (financiën, opleiding, materiaal, enz.)?

- **T = Tijd**. Hoe snel moet het doel worden bereikt? Houd rekening met de huidige werklast van de betrokken werknemer.

- **E = Entourage/Omgeving**. Ook al wordt het niet altijd geaccepteerd (de bekendste versie heeft geen E), sommige professionals voegen dit aspect toe. Het gaat erom te controleren of het project u of het bedrijf niet schaadt.

De achtergrond

Laten we een voorbeeld nemen om ons punt beter te illustreren. De directeur van een verpleeghuis wil een weekend in de Elzas organiseren voor 50 bewoners tijdens de kerstmarkt. Hij heeft een budget van 500 euro per bewoner voor vervoer en verblijf, maar hij weet niet hoe hij de hele reis moet financieren of waar hij zijn bewoners moet onderbrengen. Bovendien heeft hij geen tijd voor dit project. Daarom besluit hij bepaalde taken te delegeren aan zijn personeel, met als hoofddoel de bewoners zo goed mogelijk te huisvesten en tegelijkertijd de nodige zorg te verlenen. Hij zal de begrotingstaken toevertrouwen aan zijn financieel manager, die dit soort taken aankan, en de taken op het gebied van vervoer en huisvesting aan zijn uitvoerend assistent.

TAKEN TOEVERTROUWEN AAN DE GEDELEGEERDE

De betrokkene informeren

Zodra u de persoon hebt aangewezen die de missie zal uitvoeren, moet u hem of haar hiervan in kennis stellen en de details van de delegatie tijdens een gesprek toelichten. Dit is ook een gelegenheid om het kader vast te stellen en hun motivatie te mobiliseren. Om de persoonlijke ontmoeting zo vlot mogelijk te laten verlopen en als springplank te dienen voor de rest van het proces, moeten verschillende punten worden behandeld.

- Leg de werknemer de kenmerken van het project uit, zoals de te bereiken doelstellingen, de voor het project uitgetrokken financiële middelen, de beschikbaar gestelde materiële en personele middelen, de vastgestelde termijnen en de hindernissen waarop hij of zij kan stuiten. Leg uw verwachtingen op het gebied van resultaten duidelijk uit en zorg ervoor dat zij het begrijpen. Bijvoorbeeld: "In ons verpleeghuis wil ik dat jij zorgt voor de uitvoering van de nieuwe activiteit voor onze bewoners.

- U moet ook met de werknemer vaststellen welke mate van autonomie hij/zij heeft en met wie hij/zij contact moet opnemen als de situatie zijn/haar verantwoordelijkheidsniveau overschrijdt. In het algemeen zal de speelruimte van de werknemer hand in hand gaan met zijn of haar hiërarchische positie en vaardigheden. De manager zal geneigd zijn het afdelingshoofd meer vrijheid te geven dan de administratief medewerker. Als het team daarentegen bestaat uit werknemers van dezelfde rang, zal de manager de autonomie aanpassen aan het vertrouwen dat hij in de persoon heeft. Bijvoorbeeld: "U kunt alle beslissingen nemen over uitgaven van minder dan 2.000 euro. Verder moet je mij raadplegen. Er zijn over het algemeen zes niveaus van autonomie, van nul tot volledige bewegingsvrijheid.

 ## AUTONOMIE EN VERANTWOORDELIJKHEID

Wanneer mensen weinig autonomie of beslissingsbevoegdheid hebben, maar veel verantwoordelijkheid krijgen, kunnen er spanningen ontstaan en kan het sociale klimaat van het bedrijf verslechteren. Zorg er daarom voor dat u een taak toewijst waarbij de mate van autonomie in overeenstemming is met de mate van verantwoordelijkheid. Vraag een werknemer niet verantwoordelijk te zijn voor een beslissing die u heeft opgelegd.

- Leg uit waarom je hem of haar boven een andere persoon hebt gekozen door enkele van zijn/haar vaardigheden te noemen. Bijvoorbeeld: "U hebt vele jaren ervaring in deze sector en u hebt goede organisatorische vaardigheden.

- Leg ook het belang van het project als geheel uit. Dit zal hen helpen te begrijpen waarom u hen vraagt deze of gene taak uit te voeren en zal hen motiveren. Bijvoorbeeld: "Ik vraag je om deze nieuwe activiteit voor ouderen op te zetten, want we hebben veel aanvragen van hen en met deze ontwikkeling zouden we ons kunnen onderscheiden van andere rusthuizen. Een ander voorbeeld: "Het toevoegen van deze niche zal zeer gunstig zijn voor ons merkimago en onze omzet.

- Vraag hen ten slotte wat zij ervan vinden en onderhandel over eventuele problemen.

 ## Knipoog van de manager

Vergeet niet het hele team te informeren over de beslissing om te delegeren. Herhaal de doelstellingen en deadlines, en betrek de rest van de groep bij het welslagen van het project door hen duidelijk te maken dat ook zij een rol te spelen hebben.

Follow-up en ondersteuning

Toezicht en controle maken integraal deel uit van het delegatieproces. Doel is na te gaan of de werknemer over alle informatie beschikt, gemotiveerd is en over de nodige middelen beschikt om de doelstellingen te bereiken. Uw rol is hen te helpen slagen in de missie die u hen hebt toevertrouwd. Enkele tips zullen u helpen om een kwaliteitsvolle opvolging op te zetten:

* Stel deadlines en plan evaluaties tijdens de cursus om zo nodig bij te sturen;

* Luister naar je medewerker en toon een zorgzame houding. Het heeft geen zin hen de schuld te geven van een kleine fout; moedig hen daarentegen aan tijdens het hele project;

* zorgen voor opleiding en instrumenten om hen bij hun werk bij te staan.

👁 Toezicht ja, politie nee!

In deze fase is het meer een kwestie van begeleiden dan van toezicht houden. Als uw werknemer het gevoel heeft dat u elke beweging van hem of haar in de gaten houdt, zal hij of zij denken dat u hem of haar niet vertrouwt, hij of zij zal zich nutteloos voelen en uiteindelijk zal zijn of haar motivatie en werk eronder lijden. Als je hem gekozen hebt, is dat omdat hij het verdient. Maak hem dat duidelijk door hem wat vrijheid te geven.

Debrief

De debriefing wordt gebruikt om de delegatie te beoordelen. Feliciteer uw collega als hij/zij zijn/haar doel heeft bereikt en probeer, als hij/zij heeft gefaald, samen de redenen voor deze mislukking te begrijpen en wat hij/zij anders had kunnen doen. Dit is een belangrijk communicatiemoment, dus zorg ervoor dat je naar hen luistert. Misschien moest hij/zij obstakels trotseren die hij/zij niet verwachtte. Of misschien was de druk te groot. Vraag hen hoe zij zich voelden tijdens de missie en nu die voorbij is. Zijn ze klaar om het weer te doen? Zo ja, dan kunt u waarschijnlijk nieuwe projecten afspreken om aan hem te delegeren.

TOP TIPS

- Delegeer niet alleen de vervelende taken aan uw werknemer, maar geef hem of haar belonende taken, dat zal hem of mihaar motiveren. Hetzelfde geldt voor u: houd niet alle oninteressante en saaie taken, maar zorg voor een evenwicht tussen beide. Delegeer bovendien werk waarvoor u niet over de nodige vaardigheden beschikt en dat u aanzienlijk zou vertragen bij de uitvoering van het project of u zou beletten andere acties te ontwikkelen. Probeer bijvoorbeeld geen computerprogramma te maken als je een genie op dat gebied hebt die het in een mum van tijd kan.

- Geef uw werknemer niet te veel verantwoordelijkheid tegelijk, want dat kan hem of haar stress bezorgen of zelfs de moed doen verliezen. Doe het in etappes, geleidelijk. Begin met een vrij eenvoudige taak en geef ze dan meer verantwoordelijkheid naarmate ze assertiever worden. Als zij echter al ervaring en bewezen hebben, aarzel dan niet om een of meer taken aan hen te delegeren, die zij vervolgens zelf kunnen delegeren. Zorg er in ieder geval voor dat ze tijdens het gesprek akkoord gaan.

- Geef de taken aan iemand die u vertrouwt, zowel qua vaardigheden als qua professioneel gedrag. Als u twijfels hebt over een persoon, zult u waarschijnlijk tijd verspillen aan het controleren van zijn werk of aan het herstellen van fouten, wat zeer contraproductief zou zijn en schadelijk voor uw relatie en voor het project.

- Geef uw personeel de vrijheid om de middelen en processen te kiezen die moeten worden toegepast om te slagen. Deze autonomie toont het vertrouwen dat u in hen stelt, wat hen zal motiveren.

- Blijf beschikbaar. De gedelegeerde moet contact met u kunnen opnemen en u vragen kunnen stellen over eventuele zorgen die u heeft over de verschillende taken. Als u dat niet bent, zal dat het project alleen maar vertragen.

- Zorg ervoor dat u de voortgang van het project volgt en constructieve feedback geeft over de bereikte of te verbeteren resultaten, terwijl u consistent blijft met uw verwachtingen. Daartoe kunt u een logboek bijhouden waarin de rol van elk personeelslid, de taakverdeling en de voortgang van die taken staan vermeld. Ook het houden van evaluatievergaderingen wordt aanbevolen, op voorwaarde dat deze niet te vaak plaatsvinden.

- Als iets niet volgens plan verloopt, bespreek dit dan privé met uw collega. Het is niet nodig om hen in het bijzijn van het hele team te berispen, want dat zal hen frustreren, demotiveren en hun geloofwaardigheid bij hun collega's aantasten.

- Vermijd overcontrole. Als u alles op een ontijdige manier blijft overzien, zal dit uw werknemer ontmoedigen en demotiveren. U moet echter niet blindelings delegeren en aanzienlijke risico's nemen voor het bedrijf. Kijk af en toe eens naar je werknemer.

- Vermijd overhaast of te laat delegeren. Effectief delegeren vereist voorbereiding. Wacht niet tot u overweldigd bent voordat u beslist, want uw personeel zal het gevoel hebben dat het als reservewiel wordt gebruikt en zal niet zo betrokken zijn als u zou willen. Neem de tijd om de opdracht te analyseren, de verschillende uit te voeren acties te definiëren, de geschikte medewerker te vinden en de informatie over het project mee te delen.

- Vergeet niet de werknemer te bedanken, te feliciteren en eer te bewijzen. Het is namelijk ook dankzij hen dat het project succesvol is.

IK VOEL ME NIET OVERWELDIGD, MOET IK NOG STEEDS DELEGEREN?

Het is niet nodig om ten koste van alles te delegeren. Doe het wanneer je grote werkdruk hebt, korte deadlines moet halen of wanneer iemand bekwamer is dan jij om een bepaalde taak uit te voeren. Een deel van een project delegeren is een doeltreffende manier om het tot een goed einde te brengen. Zo kunt u uw tijd beter beheren, zodat u zich op andere activiteiten kunt concentreren. Door uw werknemers taken toe te vertrouwen, geeft u hen bovendien verantwoordelijkheid en laat u hen investeren in de activiteit van het bedrijf door hen te motiveren.

WANNEER IS HET JUISTE MOMENT OM TE DELEGEREN?

Wacht niet tot je overweldigd bent of tot je merkt dat er geen manier is (door gebrek aan tijd of vaardigheden) om het doel te bereiken. Zodra een nieuw project verschijnt, analyseert u alle vaardigheden en taken die nodig zijn om het te ontwikkelen. Bepaal welke u alleen kunt afhandelen en vertrouw de andere toe aan uw collega's. Profiteer bovendien van slappe periodes om de tijd te nemen om uw machtsoverdracht te organiseren.

ALS IK DELEGEER, GEEF IK DAN EEN DEEL VAN HET PROJECT OP?

In tegenstelling tot wat veel mensen denken, betekent het uit handen geven van sommige taken niet dat het project wordt opgegeven. Het is een noodzakelijke methode om de werktijd beter te organiseren door taken en verantwoordelijkheden te verdelen. Dit helpt de stress te verminderen en tegelijkertijd het team te waarderen en te motiveren. Delegeren is het tegenovergestelde van opgeven, het geeft je de middelen om je project te voltooien. Vergeet de clichés en ga aan de slag!

KAN IK MIJN WERKNEMERS ALLERLEI OPDRACHTEN GEVEN?

U kunt op alle gebieden delegeren: administratief, commercieel, financieel, marketing, technisch, enz. Belangrijk is te weten wat u aan anderen wilt doorgeven en de juiste persoon te kiezen aan wie u de taken zult toevertrouwen, afhankelijk van zijn of haar vaardigheden en beschikbaarheid, maar ook van de mate van verantwoordelijkheid. Sommige rollen van uw leidinggevende functie moeten echter onder uw eigen verantwoordelijkheid blijven. Vermijd ten slotte misbruik van deze aanpak door taken te delegeren alleen omdat ze u vervelen.

ALS DE TAAK EENMAAL IS GEDELEGEERD, MOET IK HEM DAN NOG STEEDS DOEN?

Controle is noodzakelijk in elke delegatie, als zij evenwichtig is. Het zou contraproductief zijn om de voortgang van het project dagelijks te controleren en elke beweging van uw personeel te inspecteren. Het verdient de voorkeur evaluatievergaderingen te plannen, maar niet te regelmatig om het proces niet te verzwaren of te vertragen. Deze vergaderingen moeten gepaard gaan met constructieve feedback om uw medewerker op het goede spoor te houden. Meer dan een controle, gaat het erom hen te begeleiden bij het welslagen van de missie.

WELKE HULPMIDDELEN KUNNEN MIJ HELPEN MIJN DELEGATIE TE ORGANISEREN?

Daar zijn geen specifieke instrumenten voor. Het gebruik van taakverdelingstabellen of mindmapsystemen kan echter helpen. Positief en beschikbaar blijven, altijdcommuniceren, de nodige middelen ter beschikking stellen, uw personeel aanmoedigen en erin geloven zijn uw beste troeven voor succes.

WAT ZIJN DE RISICO'S VAN DELEGATIE?

Hoewel delegatie vaak wordt aanbevolen om de werklast te verlichten, de uitvoering van het project te versnellen en de waarde van het personeel van de onderneming te vergroten, zijn er enkele risico's verbonden aan delegatie, zoals

- verstoring van de hiërarchie, in die zin dat de besluitvorming van ondergeschikten die van meerderen zou overstemmen of tegenstrijdigheden in de communicatie zou veroorzaken;

- jaloezie of wrok binnen het team creëren;

- afwijkingen veroorzaken indien de gedelegeerde de ontvangen bevoegdheid misbruikt of indien de delegatiegever een taak toevertrouwt;

- frustraties teweegbrengen bij de gedelegeerde indien hij of zij niet goed wordt ondersteund of indien de doelstellingen niet duidelijk zijn omschreven.

HOE KAN IK ER ZEKER VAN ZIJN DAT MIJN WERKNEMER DEZE OPDRACHT POSITIEF OPNEEMT?

Opdat de gedelegeerde de taak die u hem toevertrouwt op een positieve manier ontvangt, mag hij deze niet ervaren als een onaangename opdracht waar u vanaf wilt. Leg uit waarom u hem hebt gekozen (welke vaardigheden hij heeft), leg het belang van de taak uit en geef hem enige autonomie bij de uitvoering ervan. Door hen bij het project te betrekken, hen te vertrouwen, hen verantwoordelijkheid te geven en hen het initiatief te laten nemen, zullen zij zich gewaardeerd voelen en zich volledig in het project investeren.

KAN EEN DELEGATIE TIJDENS HET PROJECT WORDEN INGETROKKEN?

Een voor onbepaalde tijd vastgestelde delegatie kan altijd worden ingetrokken. Als een persoon zijn of haar macht misbruikt, kun je die intrekken. zij eraan herinnerd dat delegatie betrekking heeft op handelingen of besluitvorming, dat wat betekent dat het (al dan niet natuurlijke) vertrek van de persoon die een deel van zijn taken of bevoegdheden delegeert, niet automatisch betekent dat de delegatie wordt beëindigd.

MOET IK MIJN DELEGATIE SCHRIFTELIJK FORMALISEREN?

In geval van overdracht van bevoegdheden wordt sterk aanbevolen deze delegatie schriftelijk te formaliseren, met vermelding van de ingangsdatum, de duur, de aard van de gedelegeerde bevoegdheden en eventuele voorafgaande overeenkomsten tussen de gedelegeerde (de persoon aan wie een deel van de verantwoordelijkheden wordt toevertrouwd) en de delegatiegever (de verantwoordelijke persoon die een deel van zijn bevoegdheden overdraagt).

In andere gevallen, zoals het incidenteel delegeren van taken, is er geen behoefte aan een formeel document. Het is echter belangrijk te onthouden dat elk schriftelijk document nuttig kan zijn in geval van een conflict en als bewijs kan dienen.

OM VERDER TE GAAN

BIBLIOGRAFISCHE BRONNEN

CONDIS (Stéphanie), "Comment déléguer en 5 questions clés", in *L'Express*, februari 2011, geraadpleegd op 15 november 2015.

http://lentreprise.lexpress.fr/rh-management/management/comment-deleguer-en-5-questions-cles_1525738.html

COUDIÈRE (Hervé), "Savoir déléguer pour réussir", in *La formation pour tous*, september 2015, geraadpleegd op 3 december 2015.

http://www.laformationpourtous.com/comportemental/pratiques-outils/savoir-deleguer-pour-reussir.html

"La délégation de pouvoirs dans les sociétés", in *Segeco*, januari 2010, geraadpleegd op 11 december 2015.

http://www.segeco.fr/base-documentaire/la-delegation-de-pouvoirs-dans-les-societes-sp_fiche100112_1.html

Tramond (Philippe), "Sachez déléguer", in *Pilotis*, geraadpleegd op 15 november 2015.

http://www.pilotis.fr/extranet/upload/presse/78%20OCT%2009%20NOUV%20ENTREPRENEUR.pdf

AANVULLENDE BRONNEN

FERRIER (Nicolas), *La délégation de pouvoir, technique d'organisation de l'entreprise*, Parijs, LexisNexis éditions, 2005.

Lallican (Jean-Ange), *L'art de déléguer. Manager dans la confiance*, Parijs, Dunod, 2015.

Sᴏʀʀᴇʟ (Paul), *L'art de déléguer pour réussir*, Lyon, Éditions Juris, 1995.

Zinque (Nicolas), *Comment bien gérer un projet ?* Brussel, Uitgeverij Lemaitre, 2015.

*We horen graag van u! Laat
een reactie achter op jouw online bibliotheek
en deel je favoriete boeken op social media!*

50MINUTES.com

IMPROVE YOUR GENERAL KNOWLEDGE
IN THE BLINK OF AN EYE !

www.50minutes.com

Master ISBN: 9782808604703
Papier ISBN: 9782808605915
Wettelijk depot: D/2023/12603/18

Digitaal ontwerp: Primento,
de digitale partner van uitgevers.